AF312094

COLLECTION DE M. B********

1re VENTE

PORTRAITS

ANCIENS

DES

XVIIe ET XVIIIe SIÈCLES

PAR

ALIX. — BARTOLOZZI. — BOUYS. — CHEVILLET.
CHOFFARD. — COCHIN. — DAULLÉ. — DREVET. — EDELINCK. — FICQUET.
GAUCHER. — GRATELOUP. — LE MIRE. — LITTRET. — MIGER.
MOREAU LE JEUNE. — NANTEUIL. — PETIT.
PREISLER. — SAINT-AUBIN. — VAN SCHUPPEN. — SURUGUE.
VERMEULEN. — VILLE. — ETC. ETC.

La plupart avant la lettre et à l'eau-forte pure

DESSINS DU XVIIe SIÈCLE

ÉCOLE DE DUMONSTIER

PROVENANT

De la Collection de M. B***

ANCIEN MAGISTRAT (DÉCÉDÉ)

DONT LA VENTE AUX ENCHÈRES PUBLIQUE AURA LIEU

HOTEL DES COMMISSAIRES-PRISEURS, RUE DROUOT, Nº 9

SALLE Nº 6

Les Mercredi 24 et Jeudi 25 Mars 1886

A DEUX HEURES PRÉCISES

Mᵉ **MAURICE DELESTRE**	Assisté de M. P. ROBLIN
COMMISSAIRE-PRISEUR	Quai Voltaire, 17
27, Rue Drouot,	A L'ENTRESOL

MARS — 1886

CATALOGUE

DE

PORTRAITS ANCIENS

DES

XVIIe ET XVIIIe SIÈCLES

COLLECTION DE DESSINS

(École de Dumonstier)

Provenant de la Collection de M. B***

ANCIEN MAGISTRAT, DÉCÉDÉ

Dont la vente aura lieu

HOTEL DES COMMISSAIRES-PRISEURS, RUE DROUOT, N° 9

SALLE N° 6

Les Mercredi 24 et Jeudi 25 Mars 1886

A DEUX HEURES PRÉCISES

Par le ministère de **Me MAURICE DELESTRE**, Commissaire-Priseur,
rue Drouot, 27.

Assisté de **M. P. ROBLIN**, quai Voltaire, 17, à l'entresol.

PARIS — 1886

CONDITIONS DE LA VENTE

Elle sera faite au comptant.

Les Acquéreurs payeront *cinq pour cent* en sus des enchères.

M. P. Roblin se réserve la faculté de réunir ou de diviser les lots.

Il y aura Exposition, chaque jour de vente, de une heure à deux heures.

ORDRE DES VACATIONS

PREMIÈRE VACATION

Mercredi 24 Mars...... .... Nᵒˢ 1 à 266

DEUXIÈME VACATION

Jeudi 25 Mars .... 267 à la fin.

DÉSIGNATION

PORTRAITS

ALIX (P.-M)

1 — Charlotte Corday (Marie-Anne), ovale, in-4.

> Belle épreuve, imprimée en couleur.

2 — Sievekins (G.-H), gravé à Paris en 1796, in-4.

> Superbe épreuve en couleur, à toutes marges. Rare.

3 — Viala (Joseph-Agricola), d'après Sablet, in-4.

> Belle épreuve en couleur, marges.

ALLAIS

4 — Catinat, ovale, in-8.

> Belle épreuve, à la manière noire, avant toutes lettres. Rare.

ANONYMES

5 — Andry (C.-L.-F), docteur de l'ancienne Faculté de médecine, et médecin de l'hospice de la Maternité, in-8.

> Belle épreuve, à la manière noire, grandes marges.

6 — Dérues, empoisonneur, exécuté le 6 mai 1777 ; — Marie-Louise Nicolais, femme d'Antoine-François Dérues, in-4.

> Deux portraits, gravés à l'eau-forte. Rare.

7 — Dupuis (Charles), peintre, in-8.

> Deux épreuves de graveur, dont une à l'eau-forte pure, grandes marges.

ANONYMES

8 — Favart, âgé, in-8.

Belle épreuve avant toutes lettres, marges.

9 — Fréron, en pied, portrait charge avec cette légende : Les Français m'ont joué, l'Opéra-Comique m'a chanté et les Italiens m'ont écorché, in-8.

Belle épreuve. Rare.

10 — Huré (Charles), accolyte de Sens, in-fol.

Deux épreuves, dont une avant la lettre, marges.

11 — Joseph II, empereur d'Autriche, in-fol.

Superbe épreuve avant toutes lettres, grandes marges. Rare.

12 — Lallemant (Pierre), prieur de Sainte-Geneviève-de-Paris, in-fol.

Eau-forte pure, avant toutes lettres, avec retouches au crayon. Rare.

13 — Leclerc de Juigné, archevesque de Paris, in-fol.

Superbe épreuve avant toutes lettres, grandes marges.

14 — Mercier, auteur des *Tableaux de Paris*, ovale, avec tablette, in-8.

Très belle épreuve avant toutes lettres, en feuille.

15 — Métra, nouvelliste, auteur de la *Correspondance générale*, portrait charge, gravé à l'eau-forte, in-12.

Très belle épreuve avant toutes lettres.

16 — Nerestang (Charles-Achille, marquis de), in-fol.

Très belle épreuve, grandes marges.

17 — Piccini (Nicolas), musicien, médaillon, in-12.

Trois épreuves, dont deux à l'eau-forte pure, et une terminée avant toutes lettres.

18 — Postel (Guillaume), professeur de langues, in-8.

Très belle épreuve, toutes marges.

ANONYMES

19 — Ruzé d'Effiat (Henri, marquis de Cinq-Mars), ovale orné, au-dessus d'une scène de bataille, in-fol. travers.

> Très belle épreuve avant toutes lettres. Rare.

20 — Voltaire, buste dans un médaillon entouré de deux Amours; regards à gauche, gravure en bistre, in-12.

> Très belle épreuve, toutes marges.

21 — Voltaire, couronné par les comédiens français, le 30 mars 1778, se trouve à Paris, chez les marchands d'estampes, in-4.

> Belle épreuve, grandes marges

ANSELIN (J.-L.)

22 — Miroménil (A.Th.-H., marquis de), in-18.

> Belle épreuve, grandes marges.

ARDELL (J.-M.)

23 — Stephen Hales, d'après Hudson, in-4.

> Très belle épreuve, grandes marges.

AUDOUIN (P.)

24 — Berry (Caroline-Ferdinande-Louis, duchesse de), d'après Hesse, in-fol.

> Très belle épreuve, avec la lettre grise, grandes marges.

AUDOUIN (P.) ET GUDIN

25 — Le Comte d'Artois;— Le Duc d'Angoulême; — Le Duc de Berry; — La Duchesse de Berry, quatre pièces, in-fol.

> Belles épreuves.

AUDRAN (Jean)

26 — Coysevox (Antoine), sculpteur du roi, d'après Rigaud, in-fol.

> Belle épreuve, petites marges.

BALECHOU (J.)

27 — Portrait d'un Prélat, vu à mi-corps et tenant de la main
gauche sa barette, qu'il appuie contre sa poitrine, in-fol.

Belle épreuve avant la lettre, à toutes marges.

BAQUOY (C.)

28 — Saint-Aulaire (Martial-Louis de Beaupoil de), évêque
de Poitiers, frontispice in-8, d'après Gravelot.

Belle épreuve, marges.

BARBÉ (J.-B.) 1638

29 — Saint-Mathieu ; — Saint-Simon, dans des cadres ornés, in-8.

Deux pièces, belles épreuves.

BARBERY (L.)

30 — Raguier (Antoine), de Poussé, docteur de Sorbonne,
ancien curé de Saint-Sulpice, d'après N. Guerry, in-fol.

Superbe épreuve avant toutes lettres, grandes marges. Rare.

BARRIÈRE (Dominique)

31 — Louis XIV enfant, petit ovale soutenu par des Amours,
frontispice du livre de Villa Aldobrandina, 1647, in-fol.

Très belle épreuve, grandes marges, rare.

BARTOLOZZI (François)

32 — Georges, prince de Galles ; Caroline, son épouse et
Charlotte, leur fille, in-8, d'après S. Shelley.

Belle épreuve avant la lettre. Rare.

33 — Haydn (Guiseppe), compositeur, ovale, in-4, d'après
Ott.

Belle épreuve, en feuille.

34 — Marie-Antoinette, reine de France ; profil à droite avec
grande coiffure ; plumes et aigrette, in-4.

Épreuve imprimée en couleur. Rare.

BARTOLOZZI (François)

35 — Archiduchesse Marie-Christine, sœur de Marie Antoinette, in-12.

Belle épreuve avant la lettre, grandes marges.

BASSET (A Paris, chez)

36 — M. Augeard; — M. Bassanges; — De Bette d'Etienville; — M. Bohemer; — Le Comte de Cagliostro; — La comtesse de Cagliostro; — Mme de Courville Sulbark; — M. le baron de la Fages; — La Femme de chambre de Mme de la Motte; — Le Comte de la Motte; — La Comtesse de la Motte; — Mlle de la Tour; — Mlle Le Guet d'Esigny d'Oliva; — Le Père Loth; — M. Marcilly; — L'Abbé Mullot, in-4, manière noire, pour le *Procès du Collier*.

Seize pièces, belles épreuves, grandes marges.

BEAUBLÉ (A Paris, chez)

37 — Jacques de Molay, ancien grand maître de l'ordre des Templiers, in-4.

Deux épreuves, dont une coloriée, toutes marges.

BEAUVARLET

38 — Bandieri de Laval, maître à danser des Enfants de France, et de Mme la Dauphine, d'après Drouais, in-4.

Très belle épreuve du 1er état, avant l'inscri_tion sur le cartouche et la légende sur la marge inférieure. Rare.

BENOIST

39 — Diderot, d'après Greuze, in-4.

Belle épreuve, marges.

BERNIGEROTH

40 — Groliys (Jeanne-Elisabeth), née Friesleben, in-4.

Belle épreuve à toutes marges.

BERNIGEROTH

41 — Seligmann (Gaspard-Christian), Electeur de Saxe, in fol.

> Épreuve à grandes marges.

BERTHET

42 — Restif de la Bretonne, in-4, d'après Binet.

> Belle épreuve.

BLIGNY (A Paris, chez)

43 — Maupeou (R. N. Charles-Augustin de); — Etienne François d'Aligre, in-4.

> Deux pièces.

BLOIS (A. DE)

44 — Vollenhovius (Jean), docteur en théologie, d'après de Baen, in-fol.

> Très belle épreuve, marges.

BODSON

45 — Louis XV, statue équestre, à la manière de lavis, in-8.

> Belle épreuve avant la lettre.

BOISSIEU (J.-J.)

46 — Son Portrait, gravé par lui-même, in-fol.

> Épreuve à toutes marges.

BOREL

47 — Pochard (Le Vertueux), curé, in-8.

> Belle épreuve, toutes marges. Rare.

BORGNET

48 — Gunboldingen (Pierre de), Suisse, in-8

> Deux épreuves, dont une avant la lettre.

BOUTELOU

49 — Caroline, reine de Naples, ovale, in-4.

> Deux épreuves, dont une du 1er état avec vignette au bas, grandes marges.

BOUTTATS (Gaspard)

50 — Massacre de Henri le Grand, roi de France, par Ravaillac, le 14 may 1610, in-4 en largeur.

> Belle épreuve, grandes marges.

BOUVIER (A.)

51 — Schenker (Nicolas) graveur, in-8.

> Belle épreuve, grandes marges.

BOUYS

52 — Bellay (François-René, marquis du), manière noire, in-4.

> Très belle épreuve, grandes marges.

53 — Boileau-Despréau (Nicolas), in-8.

> Superbe épreuve avant toutes lettres, grandes marges. Très rare.

54 — Le même portrait.

> Épreuve avec la lettre, marges.

BRENET la Jeune (Mlle)

55 — Portrait d'homme, profil à gauche, dans un ovale, in-8, d'après Desbrosses.

> Épreuve avant la lettre, toutes marges.

CAMPION (C.)

56 — Guillonville (Espérance-Félicité du Sablon de), petit buste dans un médaillon entouré d'une guirlande de roses et d'ornements; gravé en 1774, in-8º.

> Superbe épreuve, tirage à part, avec une vignette tête de page imprimée sur la même feuille. Rare.

57 — L'abbé de Tersan; gravé à Rome en 1766, in-8.

> Belle épreuve.

CAMPION DE TERSAN

58 — François de Regny, consul de France à Gênes, d'après
Cochin, in-8.

> Belle épreuve, grandes marges.

CANALE (Joseph)

59 — Xavier, prince de Pologne, duc de Savoie, etc , d'après
Casanova, in-fol.

> Belle épreuve à toutes marges.

CARMONTELLE

60 — Voltaire se promenant dans les environs de son château
des Délices, in-12.

> Très belle épreuve, toutes marges.

CARS (L.)

61 — Boucher (François), peintre, d'après Cochin, in-4.

> Très belle épreuve, marges.

62 — Pouget (Fr.-Marg.), femme de M. Chardin, peintre du
Roi, d'après Cochin, in-8.

> Belle épreuve, toutes marges.

63 — Paul-Amboise Slodtz, sculpteur. — Michel-Ange Slodtz,
sculpteur, deux portraits d'après Cochin, in-4.

> Belles épreuves.

CATHELIN (L.-J.)

64 — Balechou (J.-J.), célèbre graveur, d'après Arnavon,
chanoine d'Avignon, in-fol.

> Belle épreuve, toutes marges.

65 — Bertin (Henri-Léonard), ministre d'État, d'après Roslin,
grand in-8.

> Belle épreuve avant le numéro, toutes marges.

CATHELIN (L.-J.)

66 — Pompadour (la marquise de), d'après Nattier, grand in-8.

> Belle épreuve, avec l'adresse de Bligny, marges.

67 — Tocqué, peintre ordinaire du Roi, d'après Nattier, in-fol.

> Superbe épreuve, avant toute lettre, grandes marges. Rare.

CECCHI (P.-B.)

68 — Van-Eyck (G.), peintre flamand, d'après Sandrart, in-8.

> Très belle épreuve, marges.

CHENU (P.)

69 — Tombeau du comte de Caylus, à Saint-Germain-l'Auxerrois, d'après Vassé, in-fol.

> Belle épreuve, marges.

70 — Favart (Mme), d'après Garand.

> Belle épreuve avant la tomaison, toutes marges.

CHÉREAU (Fr)

71 — Boullongne (Louis de), peintre, d'après lui-même, in-fol.

> Belle épreuve, grandes marges.

72 — Pardaillan de Gondrin (L.-Ant.), duc d'Antin, d'après Rigaud, in-fol.

> Belle épreuve, grandes marges.

CHÉRON (Élisabeth-Sophie)

73 — Son portrait, peint et gravé par elle-même, 1693, in-8.

> Très belle épreuve, marges.

CHEVILLET

74 — Descamps (Jean-Baptiste), peintre, in-8.

> Superbe épreuve du 1er état, avant la lettre, le nom de l'artiste à la pointe, grandes marges.

CHEVILLET

75 — Jordan (Jean-Louis), négociant, 1762, in-fol.

Belle épreuve, avant la lettre, grandes marges.

76 — Miroménil (Armand-Thomas Hue, marquis de) garde des
sceaux de France, d'après Wille fils, in-fol.

Superbe épreuve, avant toutes lettres, grandes marges.

77 — Washington, généralissime des États-Unis d'Amérique,
dessiné par Bounieu, d'après un tableau fourni par M. le
marquis de La Fayette, in-fo¹.

Belle épreuve à toutes marges.

CHOFFARD (P.-P.)

78 — Basan (P.-F.), graveur, in-18, tête de page.

Superbe épreuve, tirage à part avant la lettre, grandes marges.

79 — Catherine II donnant les lois à son peuple. Sujet allégorique, dessiné par Monnet, 1777, in-4.

Très belle épreuve, à toutes marges.

80 — Louis XV, d'après Cochin, 1773, in-8.

Tête de page, pour le *Traité des Horloges marines*, belle épreuve,
grandes marges.

81 — Le grand Delaleu (Louis-Aug.), d'après Notté, in-8.

Épreuve à toutes marges.

82 — Mariette, frontispice, d'après Cochin, in-8.

Belle épreuve, marges.

83 — Charles Palissot, d'après Monnet, 1788, in-8.

Belle épreuve, toutes marges.

84 — Rossel (Auguste-Louis de), capitaine des armées navales
de France. Représenté avec sa fille. In-8, d'après François.

Superbe épreuve du 1er état, avant la lettre, tablette blanche, marges
in-folio. Rare.

CHOFFARD (P.-P.)

85 — Le même portrait.

> Belle épreuve, avec la lettre, toutes marges.

CLEMENS (I.-F.)

86 — Dorothée, femme de chambre du juge de paix de Aars,
en Jutland, in-8.

> Belle épreuve, grandes marges.

CLÉMENT

87 — Legros (Mme), célèbre par son dévouement à Latude,
d'après Pujos, ovale, in-8.

> Belle épreuve. Rare.

CLOCCHE (G.\

88 — Constant (Jean), seigneur des Chézeaux, conseiller et
avocat du Roy, en la Cour présidiale de Poitiers, in-8.

> Belle épreuve, à toutes marges.

COCHIN (C.-N.)

89 — Louis XV. Statue d'après Pigalle, 1761, in-8.

> Très belle épreuve, toutes marges.

90 — Marigny (le marquis de), profil à droite, in-8.

> Épreuve à grandes marges.

91 — Restout, peintre, in-4.

> Superbe épreuve à l'eau-forte pure, du 1er état, avant toutes lettres,
> marges.

92 — Séguier, avocat au Parlement de Paris, in-4.

> Eau-forte pure, 1er état, avant toutes lettres, marges. Rare.

COCHIN (d'après C.-N.)

93 — Louis XV, frontispice allégorique le représentant en
pied, le regard dirigé à droite, entouré de douze petits
médaillons des personnages de sa famille ; au premier
plan, la France lui tend les bras ; dans le fond, le Temps
est enchaîné par des Amours, in-4.

Eau-forte pure, marges. Très rare.

94 — Louis XV, profil microscopique sur une boule supportée
par deux Renommées, pour fleuron in-18.

Tirage à part. Rare.

COMLER (Mme)?

95 — Washington, médaillon au burin et au pointillé, in-8.

Superbe épreuve, avant la lettre, grandes marges.

COMPAGNIE

96 — Henriette-Marie, Reine de la Grande-Bretagne, d'après
Van Dyck, in-fol.

Épreuve à toutes marges.

COQUERET

97 — Jean de La Fontaine, peint par son ami Rigaud, buste
fort comme nature, d'après Pointeau, in-fol.

Épreuve en couleur, toutes marges.

COSSIN (L.)

98 — Cassini (Jean-Dominique), astronome, in-fol.
Superbe épreuve, avant toutes lettres, marges. Rare.

CRÉMIER (d'après)

99 — Mercier, auteur des *Tableaux de Paris*, caricature, in-4.
Légende : M.·. R. L'Ane comme il n'y en a point.

Belle épreuve, grandes marges.

CRÉPY (A Paris, chez)

100 — Paskal Paoly, commandant des rebelles dans l'Isle de Corse, in-4 à cheval.

DAMBRUN

101 — Marie-Adélaïde-Clotilde-Xaxière de France, sœur du Roi, in-8, d'après Quéverdo.

> Belle épreuve avant le numéro, toute marge.

102 — Ninon de Lenclos, d'après Ferdinand, in-12.

> Deux épreuves, dont une à l'eau-forte pure, grandes marges.

DARET (P.)

103 — Jean du Verger de Hauranne, abbé de Saint-Cyran, 1645, d'après Dumonstier, in-4.

> Superbe épreuve imprimée sur peau vélin. Très rare.

104 — Montchal (Jean-Pierre de), maître des requêtes, in-fol.

> Epreuve à toutes marges.

DASSIER (d'après)

105 — Montesquieu (Ch. de Secondat, baron de), médaille, in-12.

> Deux épreuves, dont une avant toutes lettres.

DAULLÉ (J.)

106 — Baron, acteur, d'après de Troy, 1732, in-folio.

> Superbe épreuve avant la lettre, toutes marges. Très rare.

107 — Chartres (Louis-Philippe d'Orléans, duc de), d'après Belle, in-folio.

> Très belle épreuve, avec la première adresse, à toutes marges.

108 — Cochin (C.-N.) le fils, dessiné par lui-même, in-8.

> Belle épreuve, avant que le cuivre n'ait été réduit.

109 — Coffin (Charles), recteur de l'Université de Paris, d'après Fontaine, in-folio.

> Très belle épreuve, marges.

DAULLÉ (J.)

110 — Le Mercier (Pierre-Augustin), imprimeur ordinaire de la ville, d'après Vanloo, in-folio.

Très belle épreuve, grandes marges.

111 — Lorraine (Charles-Alexandre de), d'après Martin de Meytens, in-4.

Belle épreuve, grandes marges.

112 — Louis XV en cuirasse, in-folio, orné, d'après J.-B. Lemoine.

Très belle épreuve, toutes marges.

113 — Louis, dauphin de France, fils de Louis XV, représenté tout enfant avec un bonnet et une robe, in-folio, d'après Belle.

Belle épreuve avec la première adresse, toutes marges.

114 — Pallu (le Père), jésuite, d'après Nonnotte, in-8.

Belle épreuve.

115 — Vanloo (Carle), peintre, d'après Cochin, in-8.

Belle épreuve, avant que le cuivre n'ait été réduit, grandes marges.

DEBUCOURT

116 — Haüy (René-Juste), professeur au Muséum d'histoire naturelle, ovale, in-4, d'après Langrop.

Belle épreuve, grandes marges.

DELATRE

117 — Colombe l'aînée (Mlle), actrice de la Comédie italienne, in-8, d'après Le Moine.

Belle épreuve avant le numéro, toutes marges.

118 — Linguet (Henri), in-8.

Epreuve à grandes marges.

DELIGNON

119 — Sophie de Ruffey, femme de M. de Monnier, enlevée par Mirabeau, d'après Borel, in-8.

Belle épreuve toutes marges, plus un autre portrait gravé par Véran, épreuve avant la lettre, deux pièces.

DELVAUX (R.)

120 — Gauffecourt, in-8, d'après Nattier.

Rare épreuve à l'état d'eau-forte pure, toutes marges. Ce portrait a été publié dans le Voltaire de Renouard, sous le nom de Gentil Bernard.

121 — La Fontaine (Jean de), in-18, d'après Rigault.

Superbe épreuve avant la lettre, grandes marges.

122 — Louis XV, ovale minuscule, de la dimension d'un chaton de bague, entouré de lauriers, signé à la pointe R Delvaux, 1773.

Superbe épreuve, très rare. Sur la même feuille, se trouve imprimé deux portraits de femmes, dans des médaillons ornés.

DENON (VIVANT)

123 — Son portrait, gravé à l'eau-forte par lui-même, d'après Isabey, in-4.

Très belle épreuve avant la lettre, grandes marges.

124 — Novelli (P.-Ant.), in 8.

Belle épreuve, marges.

DEQUEVAUVILLER

125 — Jean de La Fontaine, in-8, d'après Rigault.

Belle épreuve, avant toutes lettres. marges.

DESPLACES (L)

126 — Thimothée (le Père), capucin, d'après Jouvenet, in-4.

Belle épreuve.

DESROCHERS (C.)

127 — La Chaise (le R. P. François de), in-8.

Deux épreuves, dont une avant la lettre, marges.

DIRICKSEN (de Hambourg)

128 — Minsicht (Ad. de), savant chimiste et médecin, in-8,
orné.

Belle épreuve.

DIVERS

129 — Marino (Jean-Baptiste), buste dans un médaillon, entouré de deux amours, in-8 travers.

Eau-forte pure, en feuille

130 — Masaniello, profil à gauche dans un ovale, in-12.

Eau-forte pure, marges.

131 —. Personnage russe, à mi-corps, de trois quarts à droite,
une main appuyée sur la hanche et l'autre sur son
casque; dans le fond, à droite, un camp et un village
fortifié, in-folio.

Belle épreuve, avec légende russe.

DREVET (P.)

132 — Beauvau (René-François de), archevêque-duc de
Narbonne, d'après H. Rigaud, in-folio.

Belle épreuve, marges.

133 — Keller (Jean-Balthazar), commissaire général des
fontes de l'artillerie de France, d'après Rigaud, in-folio.

134 — Lambert (Nicolas), seigneur de Thorigny, d'après
Largillière, in-folio.

Belle épreuve, marges.

135 — Lamet (Léonard de), curé de Saint-Eustache, d'après
Rigaud, in-folio.

Belle épreuve, grandes marges.

136 — Serre (Maria), mère du peintre Rigaud, in-folio.

Belle épreuve, à grandes marges.

137 — Titon (Maximilien), d'après Rigaud, in-folio.

Belle épreuve.

DREVET (P.-I.)

138 — Mailly (F. de), cardinal-archevêque de Reims, d'après
Vanloo, in-8 en largeur.

Superbe épreuve, avant le texte au verso, marges.

DUCHANGE

139 — Girardon (François), sculpteur, d'après Rigaud, 1707,
in-folio.

Très belle épreuve, à toutes marges.

DUCHENNE

140 — Montazet (Antoine de Malvin de), archevêque et comte
de Lyon, primat de France, d'après Vanloo, in-4.

Épreuve à toutes marges.

DUFLOS (Claude)

141 — Laval (Gui-André, comte de), in-folio.

Belle épreuve, marges.

DUFLOS (P.) le Jeune

142 — Boileau (Nicolas), in-8.

Épreuve à l'état d'eau-forte pure, toutes marges.

143 — Le même portrait.

Belle épreuve avant la lettre, remargé.

144 — Voltaire, frontispice allégorique dessiné par Desrais,
d'après de Gaign), in-8.

Belle épreuve, toutes marges.

DUPIN (P.)

145 — Houssay (le Vénérable frère Jean du), in-8, cadre
orné, d'après Bonnard.

Belle épreuve, marges.

DUPIN (N.)

146 — Le prince Eugène, in-8.

Belle épreuve, grandes marges.

147 — Maurepas (Jean-Frédéric Phélypeau, comte de), in-8.

Belle épreuve avant le numéro, marges.

148 — Penthièvre (Louis-Jean-Marie, duc de), d'après Que-
verdo, in-8.

Belle épreuve.

DUPLESSIS-BERTAUX

149 — Hue, peintre, ovale avec scène au bas, in-8.

Eau-forte pure, marges.

150 — Le général Lasalle, médaillon, in-8.

Eau-forte pure.

151 — Apothéose de Louis XVI, d'après Chasselat, in-8.

Deux épreuves, une à l'eau-forte pure, et l'autre avant la lettre,
grandes marges.

152 — Napoléon Bonaparte vu de dos, le même vu de face,
deux portraits en pied, avec des scènes de batailles, in-8.

Belles épreuves avant la lettre, marges. Rare.

DUPRÉEL

153 — Bossuet, évêque de Meaux, in-8, en pied.

Belle épreuve à l'eau-forte pure, gravée par Pauquet, marges in-folio.
Rare.

154 — — Le même portrait.

Deux épreuves, dont une avant la lettre.

155 — Grécourt, in-8.

Superbe épreuve à l'eau-forte pure, toutes marges. Rare.

156 — Le même portrait.

Belle épreuve avant toutes lettres. Marges.

DUPREEL

157 — Jean de La Fontaine, ovale, in-18, dirigé à droite, d'après Rigault.

> Belle épreuve avant la lettre, les noms des artistes à la pointe, grandes marges.

158 — Le même portrait.

> Rare épreuve à l'état d'eau-forte pure; dans cet état la planche est gravée par Pauquet, grandes marges.

159 — Jean de La Fontaine, ovale, in-32, dirigé à gauche, d'après Rigault.

> Superbe épreuve avant la lettre, les noms d'artistes tracés à la pointe; dans cet état, trois filets entourent l'ovale.

160 — Le même portrait.

> Belle épreuve; les noms des artistes sont gravés et les filets ont été supprimés.

161 — Lesage, in-8.

> Épreuve avant la lettre, marges.

DUPUIS (Charles)

162 — Coustou (Nicolas), natif de Lyon, sculpteur du Roi, d'après Le Gros, in-folio.

> Belle épreuve, marges.

DUPUIS (N.)

163 — Duchange (Gaspard), d'après Cochin, in-4.

> Belle épreuve, grandes marges.

164 — Le Normand de Tournehem, directeur des bâtiments, d'après Tocqué, in-folio.

> Belle épreuve, grandes marges.

DUVAL (L.)

165 — Destouches (Néricault), in-8, d'après Fragonard.

> Belle épreuve non terminée, avant la lettre, marges.

EBERTS (J-.H.)

166 — Madame Dorothée Sandow, de Berlin, buste de profil, dans un médaillon appuyé sur une colonne, et entouré de deux figures allégoriques ; au bas, un amour tient un livre ouvert, et une guirlande de roses. Dédié à Monsieur Frédéric Ulric, baron de Freisendorff, secrétaire du roi de Suède ; dessiné par Boucher, in-4.

Très belle épreuve. Rare.

ÉCOLE FRANÇAISE DU XVIIᵉ SIÈCLE

167 — Collection de quarante-sept dessins, bustes forts comme nature, aux trois crayons (École de Dumonstiers), in-folio en feuilles. — Portraits de personnages français des règnes de Henri IV et Louis XIII, avec les noms écrits de l'époque.

Très rare.

1. Aignan (Mⁱˡᵉ de Saint-), 1637.
2. Aiguillon (Mⁱˡᵉ de Combalet, duchesse d'}.
3. Angennes (Lucie d'), Dⁱˡᵉ de Rambouillet.
4. Angoulême (Charles de Valois, duc d').
5. Angoulême (la duchesse d'), princesse du sang.
6. Bethune (Maximilien de), duc de Sully.
7. Béthune (François de), marquis de Rhosny, 1633.
8. Béthune (le comte de), ambassadeur à Rome.
9. Biron (le comte de), depuis duc d'Anville.
10. Bourbon (Antoine de), comte de Moret, 1630.
11. Bourbon (François de), duc de Montpensier.
12. Chateau-Neuf (M. de), doyen du Conseil.
13. Chatillon (l'amiral de), 1616.
14. Clermont de Lodève (le comte de).
15. Coligny (M. de), fils aîné de M. le maréchal de Châtillon.
16. Du Perron (le cardinal).
17. Epinay (la princesse d'), 1628.
18. Gramont (le comte, depuis duc de).
19. Guiche (Mⁱˡᵉ de), 1607.

20. Guise (le duc de) 1607.
21. Horn (le maréchal d'), 1642.
22. Isabelle, infante d'Espagne, 1632.
23. Lavallette (le cardinal de), 1638.
24. La Vieuvillle (le marquis de), 1624.
25. La Ville-Auclère (M. de), secrétaire d'État.
26. La Vrillière (M. de), secrétaire d'État.
27. Longueville (le duc de), 1632.
28. Louise de Bourbon, sœur du comte de Soissons, âgée de 14 ans (1640), depuis femme de Henry d'Orléans duc de Longueville.
29. Lude (le comte de), 1632.
30. Lude (l'évêque d'Albi, de la maison de), 1631.
31. Montmorency (le connétable de).
32. Montigny (le maréchal de), 1630.
33. Montpensier, (la duchesse de), sœur du duc de Guise tué à Blois, 1602.
34. Mortemar (la marquise de), 1627.
35. Orléans (Gaston de France, duc d')
36. Papeien (le comte de), 1636.
37. Puisieus (Mlle de), 1634.
38. Rests (le duc de), 1631.
39. Rohan (Mlle de), 1638.
40. Sablé (la marquise de), 1621.
41. Saint-Luc (le maréchal de), 1628.
42. Sillery (M. de), chancellier de France.
43. Soissons (Mme la comtesse de).
44. Ulric, reine de Danemark, princesse d'Olestin.
45. Valentinois (le prince de Mourgues, duc de).
46. Vendôme (M. de), duc de Beaufort.
47. Wailli (M. de), de la maison d'Halluvin.

ÉCOLE FRANÇAISE DU XVIIIe SIÈCLE

168 — Louis XV, médaille et revers, faite à l'occasion du mariage du Dauphin, avec Marie-Antoinette d'Autriche, tête de page, in-18.

Superbe épreuve avant toutes lettres. Très rare.

ÉCOLE FRANÇAISE DU XVIIIᵉ SIÈCLE

169 — Louis XVI jeune, ovale, dans un cadre orné de roses et d'attributs guerriers, sur le fond, des fleurs de lis et les initiales de Marie-Antoinette, et de Louis XVI, in-8 travers.

Très belle épreuve, avant toutes lettres.

170 — Marie-Antoinette, reine de France, vue de face, le regard dirigé à gauche, en habit de cour, avec grande coiffure, petit ovale surmonté d'un nœud de rubans et enguirlandé de roses. in-18, rarissisme.

Superbe épreuve d'un portrait qui a dû être gravé pour un fronton d'estampe ou d'almanach.

171 — Voltaire, petit profil à droite, dans un ovale entouré d'attributs de théâtre, couronné par un amour représentant la Tragédie; à gauche, un autre amour, portant un masque de comédie, soulève un rideau, in-12, travers.

Superbe épreuve avant toutes lettres, d'une pièce, ayant la forme d'une adresse enguirlandée de roses, ou d'un billet de théâtre. Très rare.

EDELINCK (J.)

172 — Bartholinus (Gasp.), professeur d'anatomie, 1676, in-8.

Belle épreuve, marges.

EDELINCK (N.)

173 — Antoine Arnault, docteur de Sorbonne, d'après Champagne, in-4.

Belle épreuve.

174 — Noailles (Anne-Jules duc de), pair et maréchal de France, d'après Rigaud, in-folio.

Belle épreuve à toutes marges.

175 — Le Tellier (Charles-Maurice), archevesque de Reims, d'après Mignard, in-folio.

Belle épreuve, grandes marges.

EDELINCK (N.)

176 — Le Tellier (Michel), chancellier de France, d'après Vouet, 1698, in-folio.

> Belle épreuve, grandes marges.

177 — Tourreil (Jacques de) de l'Académie française, d'après Benoit, in-4.

> Belle épreuve, marges.

FABER (J.)

178 — Arutin (Georges), manière noire d'après Kneller, in-fol.

> Très belle épreuve.

FAITHORNE

179 — Grand (Antoine le), médecin à Douai, in-4.

> Belle épreuve, marges.

FICQUET (E.)

180 — Ariosto (Ludovico), in-12 dessiné par Eisen d'après le Titien.

> Belle épreuve avant la lettre, grandes marges.

181 — Le même portrait.

> Epreuve avec la lettre, marges.

182 — Fénélon (de la Mothe), in-8 d'après Vivien.

> Très belle épreuves, grandes marges.

183 — La Mothe le Vayer, conseiller d'État, d'après Nanteuil, in-8, avec encadrement orné.

> Très belle épreuve, marges.

184 — Lamothe le Vayer, conseiller d'État, d'après Nanteuil. in-8, sans ornements.

> Belle épreuve, marges.

185 — Maintenon (Madame de), in-8 d'après Mignard,

> Belle épreuve sur papier double, toutes marges.

FICQUET (E.)

186 — Le même portrait.

Belle épreuve, marges.

187 — Saugrain, libraire, in-8.

Belle épreuve, toutes marges.

FIESINGER et HERHAN

188 — Portraits de généraux de la République et de l'Empire, d'après Guérin, in-folio.

Dix-sept pièces, toutes marges.

FLIPART (J.-J.)

189 — Raphaël et Michel-Ange, deux ovales dans un frontispice allégorique, d'après Boucher pour l'*Abrégé de la vie des plus fameux peintres*, par d'Argenville 1762, in-8,

Deux épreuves, dont une à l'eau-forte pure.

FOLKEMA (J.)

190 — Louis XV et Marie Leczinska, d'après Cochin et Parrocel. — Louis XV recevant des ambassadeurs d'après Cochin, in-8 travers.

Deux pièces, tirage à part avant la lettre, belles épreuves, marges.

FORESTIER

191 — Élisabeth, Philippine, Marie Hélène de France, ovale in-8.

Belle épreuve à toutes marges, plus un portrait de la même, ovale avant toutes lettres. Deux pièces.

GAILLARD (R.)

192 — Joly de Fleury (Guil. François) d'après Didier, in-folio.

Belle épreuve, toutes marges.

193 — Périn, secrétaire de M. le maréchal duc de Belle-Isle, tête de page, in-18.

Très belle épreuve, marges.

GALLE (Corn.)

194 — Adrianus Clant, à Stedum, d'après Van Hulle, in-folio.

Belle épreuve.

GAUCHER (Ch.-Ét.)

195 — Gaucher (Charles Étienne), in-12 d'après de Noireterre.

Superbe épreuve du 1er état, avec le nom du personnage à la pointe, avant le quatrain, marges grand in-8. Très rare.

196 — Charles de Bourbon, premier du nom, duc de Vendôme, d'après Fragonard, in-4.

Deux épreuves, dont une à l'eau-forte pure.

197 — Chapelle, d'après Lebrun, in-12 orné.

Belle épreuve du 1er état, à l'eau-forte pure, grandes marges.

198 — Corneille (P.), d'après Lebrun, in-8.

Belle épreuve, grandes marges.

199 — Desportes (Philippe), in-12.

Deux épreuves, dont une à l'eau-forte pure.

200 — Du Barry (Madame la comtesse de), ovale encadré de roses, d'après Drouais, in-8.

Superbe épreuve du 1er état, avec l'adresse : A Paris chez l'auteur. A. P. D. R. 1770. Marges. Rare.

201 — Duveyrier (Honoré-Marie-Nicolas), avocat député à l'Assemblée nationale de 1789, in-8 d'après Sicardi.

Belle épreuve, marges.

202 — Le même portrait.

L'ovale seul, épreuve d'eau-forte pure, contre-partie du précédent. Rare.

203 — Gail, (J.-B.), in-12, d'après Le Barbier.

Belle épreuve du 3e état, avec la lettre et la tablette blanche. Toutes marges.

204 — Gravelot (Hubert), d'après de La Tour, in-18.

Belle épreuve, grandes marges.

GAUCHER (Ch.-Ét.)

205 — Jeanne d'Arc, in-8 avec cadre,

Épreuve à toutes marges.

206 — Lefort (François), général, ambassadeur de Pierre Ier, in-8.

Superbe épreuve du 1er état, avant toutes lettres ; la tablette blanche, toutes marges.

207 — Marie-Antoinette, in-12, tête de page d'après Moreau le jeune.

Belle épreuve, avec le texte gravé, marges.

208 — Orléans (Charles duc d') in-12.

Trois épreuves, dont une à l'eau-forte pure, et une autre avec la lettre grise.

209 — Saint-Marc (Jean-Paul-André de) in-8.

Épreuve du 2e état, avant les modifications, marges.

GAULTIER (L.)

210 — Davy du Perron (Jacques), Cardinal in-8,

Belle épreuve, grandes marges.

211 — Michel-Ange Buonarotti, petit ovale en tête d'une composition sur le jugement dernier, in-folio,

Belle épreuve.

GHEYN (J. DE)

212 — Charles Clusius, professeur de botanique à l'Académie de Leyde, 1600, in-folio.

Très belle épreuve, grandes marges. Collection Mariette.

GRANDMÉNIL

213 — Bouthillier (Victor), archevêque de Tours, in-8.

Eau-forte avancée, marges.

GRATELOUP (J.-B. DE)

214 — Bossuet, in-8, en pied, d'après Rigaud.

Superbe épreuve avec la date de 1771, sur papier de Chine double, en feuille. Très rare en pareille condition.

GREEN (VAL.)

215 — Joseph Carreras, d'après Kneller, in-4.

Belle épreuve, grandes marges.

GREGORY (F.)

216 — Grégory (Carlo), dessinateur et graveur au burin, né à Florence en 1719, in-8 d'après Zocchi.

Belle épreuve, marges.

GRIGNON (J.)

217 — Bureau(Jean), seigneur de Monglat, maire de Bordeaux, chambellan des rois Charles VII et Louis XI, maître de l'artillerie de France, in-folio.

Belle epreuve.

HABERT (N.)

218 — Messire Paul le Pelletier, seigneur des Touches, in-4.

Epreuve à toutes marges.

HAÏD (I.-I.)

219 — Charles, roi de Naples et de Sicile, 1735. — Christian de Münch, in-folio.

Deux pièces. Belles épreuves, toutes marges.

HALBOU (L.)

220 — Couturier de Fournoüe, (Joseph), abbé de Pebrac, comte de Brioude et archidiacre de Tarbes, d'après Schenau, in-folio.

Belle épreuve, marges.

HENRIQUEZ

221 — Cadet, pharmacien, d'après Bourgoin, in-4, orné.
Belle épreuve, toutes marges.

222 — Diderot (D.), d'après Vanloo, in-fol.
Belle épreuve, grandes marges.

223 — Pierre le Grand, gravé à Saint-Pétersbourg en 1773, in-18.
Très belle épreuve, à toutes marges. Rare.

HESSE (d'après)

224 — Denon (le baron), gravure à l'eau-forte, 1816, in-4.
Très belle épreuve, grandes marges.

HODGES (C.-H.)

225 — Generaal Buonaparte, in-fol., manière noire, d'après J.-F. Rusca.
Deux épreuves à toutes marges, dont une avec la lettre grise.

HOUBRAKEN (J.)

226 — Rabus (Pierre), d'après Bodekker, in-fol.
Très belle épreuve, grandes marges.

HOURDAIN (C.)

227 — Louis XVII, roi de France et de Navarre, d'après Kucharsky, in-8.
Belle épreuve imprimée en bistre, plus un médaillon, avant toutes lettres, deux pièces à toutes marges.

HOUSTON (R.)

228 — Pierre Martyr, d'après Bakewell, in-4.
Belle épreuve.

HUBER

229 — Mademoiselle Clairon aux genoux de Voltaire, eau-forte satirique, in-4.
Très belle épreuve, marges.

HUBER (d'après)

230 — Différents airs en 30 têtes, de M. de Voltaire, calqués sur les Tableaux de M. Huber. Eau-forte, in-fol.

Curieuse estampe, où l'artiste a ajouté à la pointe, auprès de chaque tête, soit une date, soit un titre de comparaison. Rare.

HUBERT (François)

231 — Brézé (Armand de Mailli, marquis de), d'après Graincourt, in-8.

Deux épreuves, dont une avant toutes lettres, marges.

232 — Etanduère (Le marquis de l'), d'après Graincourt, in-8.

Quatre épreuves différentes, dont une avant toutes lettres.

233 — Fréron (E.-C.), in-8, d'après Cochin.

Belle épreuve avant le numéro, toutes marges.

234 — Gustave IV, roi de Suède, in-8.

Très belle épreuve avant toutes lettres ; on lit en bas, tracé à la pointe : « Gravé par François Hubert, membre de la Légion d'honneur. »

235 — M. Sparrman, de l'Académie de Stockholm, dessiné d'après nature par M. Mollard, in-fol.

Très belle épreuve, toutes marges.

236 — Don Manuel de Villafañe, in-4, d'après F. Goya, 1791.

Très belle épreuve avant l'adresse, grandes marges.

HUBNER (B.)

237 — Holbein (Jean), peintre célèbre, et son épouse, in-4.

Deux pièces, en feuilles.

HULOT (C.)

238 — Bouthillier (Victor), archevêque de Tours, in-fol.

Épreuve avant la lettre, grandes marges.

239 — Fabri de Peiresc ; — Charles de Gondrin, deux portraits tirés sur la même feuille, in-4.

Épreuves d'eaux-fortes avancées, grandes marges.

HUOT (F.)

240 — Gebelin (A. Court de), d'après Pujos, in-4.

Belle épreuve à toutes marges.

HUQUIER

241 — Charles III, roi d'Espagne, ovale, dans le bas d'un sujet allégorique, in-fol.

Belle épreuve, grandes marges.

INGOUF

242 — De Sartines, lieutenant-général de police, in-12.

JACQUINOT (Louise-Françoise)

243 — Jeaurat (Edme-Sébastien), doyen des astronomes de Paris, d'après Gois, in-4.

Belle épreuve.

JODE (P. de)

244 — Juste Lipse, in-fol.

Épreuve à petites marges.

KILIAN (P.-A.)

245 — Frédéric, margrave de Brandebourg, d'après Roslin, in-8.

Belle épreuve.

246 — Lorraine (Charles-Joseph de), grand Prieur de Castille, archevêque de Trèves, abbé de Barrois, etc., d'après Mildorfer, in-8.

Très belle épreuve. Rare.

KLAUBER (I.-S.)

247 — Allegrain (Christophe-Gabriel), sculpteur du roi, né à Paris, d'après Duplessis, in-fol.

Superbe épreuve avant la lettre, grandes marges.

248 — Le même portrait.

Belle épreuve, à toutes marges.

LADAME (G.)

249 — Fabert (Abraham), maître échevin de la ville de Metz,
1610, père du maréchal, in-8.

> Rare.

LALIVE DE JULLY (DE)

250 — Son portrait, gravé par lui-même, d'après Cochin,
in-4.

> Belle épreuve, marges.

LARMESSIN (DE)

251 — Bion (Nicolas), ingénieur du roi, in-4, orné.

> Belle épreuve.

252 — Marin (Denys), seigneur de la Châtaigneraye, in-4.

> Belle épreuve.

LASNE (M.)

253 — Gondy (Jean-François de), premier archevêque de
Paris, in-8.

> Belle épreuve.

254 — Maran (Guillaume), de Toulouse, jurisconsulte, in-fol.

> Belle épreuve, marges.

LAUNAY (NICOLAS DE)

255 — Caylus (A.-C.-Ph. de Tubière, comte de), d'après
Cochin, in-8.

> Belle épreuve.

256 — Clément XIV, in-8.

> Deux portraits différents, dont un avant la lettre.

257 — Pilatre de Rozier, premier navigateur aérien, ovale
in-32, d'après Borel.

> Charmante petite pièce de toute rareté, elle représente l'aéronaute
> assis sur un tertre, le bras droit dirigé vers une mongolfière tombée.
> Cette pièce a pour légende, en haut de l'ovale, l'intrépide Messaget
> (*sic*).

3

LAUNAY (Nicolas de)

258 — Jean François de Troy, peintre, d'après Aved, in-fol.

> Superbe épreuve avant la lettre, les noms gravés à la pointe, toutes marges.

LAUNAY (Robert de)

259 — Boileau Despréaux (Nic.), d'après Rigaud, in-8.

> Deux épreuves, une à l'eau-forte pure, et l'autre avant la lettre, toutes marges.

260 — Joséphine, impératrice des Français, et Napoléon, in-8. En pied

> Deux pièces, belles épreuves avant la lettre, coloriées, les noms d'artistes tracés à la pointe.

LE BEAU

261 — Mlle Dutey, actrice, in-8, d'après la miniature de L'Ainé.

> Belle épreuve, toutes marges.

262 — Francklin (Benjamin), in-8, d'après Desrayes.

> Belle épreuve avant le numéro, grandes marges.

263 — Marie-Antoinette, reine de France; née à Vienne le 2 novembre 1755, in-18, profil à droite. — Louis XVI, profil à gauche.

> Superbes épreuves; en bas, à la pointe : « Fait par Le Beau, graveur de Monseigneur le duc de Chartres. » Petites marges. Rare.

264 — De Sartine, ministre et secrétaire d'État, in-8.

> Belle épreuve.

265 — Jeanne de Saint-Remi de Valois, épouse du comte de La Motte, in-8.

> Belle épreuve, grandes marges.

LE CARPENTIER

266 — Fragonard (Honoré), dans un rond entouré de feuillage, in-8.

> Superbe épreuve du 1er état, avant le nom de l'artiste. Grandes marges. Rare.

LEGRAND

267 — Mesmer (A.), d'après Pujos, in-4.

Belle épreuve avant toutes lettres, grandes marges.

268 — Le même portrait.

Belle épreuve, à toutes marges.

269 — Oliva (Mlle), du procès du Collier, in-4, d'après Pujos.

Eau-forte pure. Superbe épreuve toutes marges.

LE MIRE (NOEL)

270 — Jeanne d'Arc, in-18, d'après un ancien tableau de l'Hôtel de Ville d'Orléans.

Epreuve du 2° état, grandes marges.

271 — Joseph II, petit profil dans un joli cadre orné, in-18.

Très belle épreuve, à toutes marges.

272 — Louis XVI, roi de France, in-8, d'après Duplessis.

Belle épreuve, grandes marges.

273 — Pétrarque, ovale dans un cadre orné, in-12.

Superbe épreuve à l'état d'eau-forte pure, marges.

LEMPEREUR (L.)

274 — Boyer de Foresta (François de), second président du parlement de Provence, in-4, d'après Vanloo.

Belle épreuve, avant le nom du peintre, grandes marges.

275 — Cayeux (Ph.), in-4, d'après Cochin.

Belle épreuve, avant l'adresse, toutes marges.

LÉPICIÉ (B.)

276 — Desmares (Charlotte), actrice, en Thalie, d'après Coypel, 1733, in fol.

Très belle épreuve, sans marges.

LEROUGE (Aqua forti)

277 — Sneyders (François), peintre, in-4.

Eau-forte pure, grandes marges.

LE ROY (J.)

278 — Joseph Rullier, âgé de cent cinq ans et cinq mois, d'après J.-J. Hubert, in-4.

Deux épreuves, dont une à l'eau-forte pure, avant toutes lettres.

279 — Tassoni, ovale orné, tête de page de la *Secchia rapita*, in-12.

Belle épreuve, tirage à part. Plus un autre portrait gravé par Demantort. Deux pièces.

280 — Voltaire, in-8, profil dans un ovale.

Superbe épreuve d'eau-forte avancée, avant toutes lettres. Rare.

281 — Le même portrait.

Deux épreuves avec la lettre, dont une avant le numéro. Grandes marges.

282 — Washington (G.), in-8, en pied, d'après Trumbull.

Belle épreuve, marges.

LE VACHEZ

283 — Mirabeau-Tonneau, député de Limoges, in-4, à l'aquateinte.

Belle épreuve avant toutes lettres.

284 — Soixante-six portraits gravés pour les Tableaux de la Révolution française, médaillons ronds, au lavis, avec scènes grav. à l'eau forte par Duplessis-Bertaux, in-fol.

Belles épreuves, toutes marges.

LIEVENS (Jean)

285 — Portrait d'homme, de trois quarts à droite, gravé à l'eau-forte, in-8.

Belle épreuve.

LINGÉE (Mme)

286 — Gaurier, médaillon rond, in-12, d'après Cochin.

Eau-forte pure, 1er état, marges.

287 — Petit (Antoine), docteur régent, d'après Cochin, 1786,
in-4.

Très belle épreuve avant la lettre, grandes marges.

288 — Le Tourneur (P.-P.-Felicien), d'après Pujos, in-4.

Belle épreuve, grandes marges.

289 — Trumeau de la Cousy, prêtre, d'après Trinquesse, in-4.

Belle épreuve, marges.

LITTRET DE MONTIGNY

290 — Belloy (de), allégorie, in-8, 1765.

Belle épreuve, grandes marges.

291 — Mlle Clairon, actrice, médaille et revers, in-8, 1766.

Belle épreuve, grandes marges.

292 — Favart, d'après Liotard, in-8.

Belle épreuve.

293 — Louis XV, médaillon pour l'Année jubilaire, ou cinquan-
tième du règne de Louis XV, in-8.

Deux épreuves, dont une avant toutes lettres, grandes marges.

294 — Marie-Josèphe de Saxe, dauphine, in-4.

295 — De Sartine, lieutenant-général de police, d'après Vigée,
1765, in-4.

Belle épreuve, toutes marges.

LOCHON (R.)

296 — Bochart (Samuel), ministre à Caen, in-4.

Belle épreuve, marges.

297 — Thou (Jacques-Auguste de), conseiller d'État, d'après
Dumonstier, in-fol.

Belle épreuve, grandes marges.

LOIR (Alexis)

298 — Gérin (Charles), docteur en Sorbonne, ancien curé de
Sainte-Croix de la Cité et doyen des curés de Paris, peint
et gravé à la manière noire, par Alexis Loir le Romain,
son neveu, in-4.

Belle épreuve, marges.

LONGUEIL (De)

299 — Fontanieu (Gaspard-Moyse de), conseiller d'Etat, in-4.

Belle épreuve.

300 — Louis XVI. — Marie-Antoinette, deux pièces allégoriques, dessinées par Cochin, in-4.

Belles épreuves du 2e état, après les modifications, grandes marges.

MALBESTE (G.)

301 — Lesueur, buste entouré de figures allégoriques, in-8.

Eau-forte pure, signée : G. Malbeste, inv. del. et sculp. aqua f.
Février 1820. Toutes marges.

MANSFELD (J.-E.)

302 — Frédéric, baron de Trenck, représenté en prison chargé
de chaines, in-8.

Belle épreuve.

MARAIS

303 — Basan (P.-Fr.), graveur, d'après Cochin, in-4,

Belle épreuve, grandes marges.

MARCENAY DE GUY (De)

304 — Son portrait, peint et gravé par lui-même, in-folio.

Superbe épreuve, avant toutes lettres, marges. Rare.

305 — Le prince Eugène, in-8, d'après Kopesky.

Deux épreuves, dont une avant toutes lettres.

MARCENAY DE GUY (De)

306 — Mirabeau (Victor de Riquetti, marquis de), in-4.

> Belle épreuve, grandes marges.

307 — Portrait de Rembrandt, peint par lui-même, in-8.

> Deux épreuves, dont une avant la lettre, les noms gravés à la pointe.

MASQUELIER

308 — Mort de Poulpe, chirurgien, vignette in-4 travers; dans le fond de la pièce, se trouve un portrait de Voltaire en médaillon.

> Très belle épreuve avant la lettre, grandes marges. Rare.

MASSARD (J.)

309 — Livry (Nicolas de), évesque de Callinique, abbé de Sainte-Colombe, d'après Tocqué, in-folio.

> Belle épreuve, à toutes marges.

310 — Marie-Antoinette, archiduchesse d'Autriche, dauphine de France, très petit ovale dans un cadre, in-18, orné.

> Très belle épreuve d'un état non décrit. Celui-ci porte comme adresse : J. Massard del. et sculp. à Paris chés l'auteur, rue des Francs-Bourgeois, porte Saint-Michel, maison de M. Gouin, et chés Ponce graveur même maison. Grandes marges.

MASSON (Ant.)

311 — Chambre (Marin Cureau de la), de l'Académie française, d'après Mignard, in-folio.

> Très belle épreuve, marges.

312 — Le Nostre (André), contrôleur général des bâtiments de Sa Majesté, d'après Carle Maratte, in-folio.

> Très belle épreuve, grandes marges.

MECHEL (Ch. de)

313 — Son portrait gravé par lui-même, d'après Ant. Kickel, in-4.

> Belle épreuve, toutes marges.

MECHEL (Ch. de)

314 — Euler (Léonard), in-8.

Belle épreuve.

315 — Michel Schüppach, médecin très renommé à Langnau.
— Marie Flückigger, son épouse, in-4.

Deux pièces.

316 — Washington (le général), in-4 avec scène au bas
représentant la journée mémorable du 19 octobre 1781,
à York en Virginie, d'après le tableau de N. Pichle.

Très belle épreuve, toutes marges. Rare.

MELINY (Ch.-D.)

317 — Bruté (Jean), d'après Cochin, in-4.

Belle épreuve.

MELLAN (C.)

318 — Grillié (Nicolas), évêque de Bazas, 1631, in-folio.

319 — Perefixe (Hardouin de), in-folio.

Belle épreuve, grandes marges.

MERCURY

320 — Maintenon (Madame de), ovale in-18, d'après Petitot.

Superbe épreuve du 1er état, à l'eau-forte avancée, avant toutes lettres,
en feuille in-4. Rare.

MICHEL (J.)

321 — Benoist Audran, graveur, in-12.

L'artiste est représenté de trois quarts, avec un chat sur l'épaule
droite. Au bas, outre une légende de six vers, on lit : Gravé et présenté
à M. B. Audran, par J. Michel, son élève, le 2 janv. 1750. Belle
épreuve. Grandes marges.

MICHEL (J.-B.)

322 — Voltaire, — Jean-Jacques Rousseau, deux portraits fai-
sant pendants, in-4.

Belles épreuves, grandes marges.

MIGER

323 — Bagge (C. Ernest, baron de), rond, in-12, d'après Cochin.

Epreuve avec marges.

324 — Charles, physicien, membre de l'Institut, in-4.

Belle épreuve, grandes marges.

325 — Louis XV, petit sujet allégorique d'après Gois, in-8 en largeur.

Belle épreuve, avant la lettre, toutes marges.

326 — A. Renou, médaillon d'après Cochin, in 12.

Belle épreuve, grandes marges.

327 — Robert (Hubert), peintre, d'après Isabey, l'an VII de la R. F., petit in-folio.

Superbe épreuve avant la lettre, grandes marges.

328 — De Sartines, lieutenant général de police, d'après Vigié, in-4.

Belle épreuve, toutes marges.

MOITTE

329 — Aranda (le comte d'), in-4, d'après Méon.

Belle épreuve, grandes marges.

330 — Clicot de Blervache, d'après Cochin, in-4.

Très belle épreuve avant toutes lettres, mar es.

MONDHARE (A Paris, chez)

331 — Claude-François, marquis de Chauvelin, commandant en chef des armées de Sa Majesté dans l'isle de Corse, in-4, à cheval.

Belle épreuve, grandes marges.

332 — Louis XV, gravé par Alliamet d'après Eisen. — Marie-Leckzinska, gravé par Patas d'après Prévost, in-8.

Deux pièces allégoriques faisait pendant. En feuilles.

MOREAU LE JEUNE (J.-M.)

333 — Choiseul (Et. duc de), médaillon, in-8 orné.

> Superbe épreuve d'eau-forte pure. Le nom du graveur à la pointe
> Grandes marges. Rare.

334 — Pineau (D.), sculpteur, in-18, orné, d'après Merelle fils.

> Belle épreuve du 3e état, avant l'adresse de Moreau le Jeune.

MOREAU LE JEUNE (d'après)

335 — Frédéric-Guillaume, prince royal de Prusse, ovale dans un cadre orné, gravé par Tardieu, in-8.

> Belle épreuve, grandes marges.

336 — Lochon (C.), professeur de violon, in-8, gravé par Mme Lingée.

> Belle épreuve, grandes marges.

337 — Louis, marquis de Prie, in-8, gravé par Le Mire.

> Belle épreuve, petites marges.

338 — Louis XV, tête de page pour la Description de son mausolée, in-8 travers.

> Superbe épreuve du 1er état, tirée à part, avec le nom de N. de
> Launay. Grandes marges.

339 — Marie-Antoinette, reine de France, médaillon dans une composition allégorique. A la Reine, gravé par N. Le Mire, in-folio.

> Superbe épreuve à toutes marges et avant l'adresse de Petit. Très
> rare dans cette condition.

340 — Les Vœux accomplis, allégorie sur la convalescence de la comtesse d'Artois, in-folio en largeur, inventé par Ranchon, gravé par Simonet, 1783.

> Superbe épreuve du 2e état avant la lettre ; les noms d'artistes tra-
> cés à la pointe, sous les armes. Toutes marges.

341 — La même composition.

> Belle épreuve, avec le portrait de Voltaire, toutes marges.

MOREAU LE JEUNE (d'après)

342 — Voltaire, frontispice allégorique, ayant pour légende :
« Il ôte aux nations le bandeau de l'erreur. » Gravure en
contre-partie de celle gravée par Croutelle, in-8.

Superbe épreuve, d'eau-forte pure, toutes marges, très rare.

MORET (Balth.)

343 — Sonnius (François), premier évêque d'Anvers, in-4.

Belle épreuve, à toutes marges.

MORIN (I.)

344 — Saint Charles Borromée, d'après Champaigne, in-folio.

Belle épreuve, grandes marges.

MOYREAU (I.)

345 — Emery (Pierre), imprimeur, in-folio.

Belle épreuve, petites marges.

MULLER (J.-G.)

346 — Galloche (Louis), peintre ordinaire du roi, d'après
Tocqué, in-folio.

Belle épreuve.

NANTEUIL (Robert)

347 — Castelnau (Jacques, marquis de), maréchal de France,
in-folio.

Belle épreuve.

348 — Dorieu (Jean), président en la cour des aides, in-folio.

Belle épreuve.

349 — Fieubet (Gaspard de), premier président du Parlement
de Toulouse, in-folio.

Belle épreuve.

NANTEUIL (ROBERT)

350 — Frédéric-Maurice de la Tour d'Auvergne, duc de
Bouillon, in-folio.

    Superbe épreuve à toutes marges.

351 — Joly (Claude), né à Verdun, évêque d'Agen, 1678,
in-fol.

    Belle épreuve.

352 — Lallemant (Pierre), prieur de Sainte-Geneviève, petit
in-fol.

    Belle épreuve.

353 — Le Tellier (Charles-Maurice), en abbé, 1663, in-fol.

    Très belle épreuve.

354 — Le Tellier (François-Michel), marquis de Louvois,
ministre d'Etat, d'après Ph. Champaigne, in-fol.

355 — Lorraine (Henri de), marquis de Moÿ, in-fol.

    Première épreuve, avant l'inscription définitive.

356 — Mazarin (Jules), cardinal, ministre d'Etat, in-fol.

    Trois portraits différents, belles épreuves.

357 — Payen (Pierre), sieur Deslandes, in-fol.

    Belle épreuve.

358 — Péréfixe (Hardouin de), in-fol.

    Très belle épreuve, grandes marges.

359 — Potier (Nicolas), seigneur de Novion, premier président du Parlement de Paris, in-fol.

    Belle épreuve, petites marges.

360 — Claude Thevenin, chanoine de l'Eglise de Paris, in-fol.

    Belle épreuve, petites marges.

NAUDET (CAROLINE)

361 — Brun Neergard, Danois, amateur des Beaux-Arts, in-4.

    Belle épreuve, plus un autre portrait gravé au physionotrace, deux
pièces.

NAUDET (A Paris, chez)

362 — Bertinazzi (Carlin), comédien ordinaire du roi, en
pied, in-8.

> Belle épreuve.

NÉE et MASQUELIER

363 — Le Déjeuné de Ferney, in-4 travers, d'après Denon.

> Belle épreuve, grandes marges.

NICOLLET (B.-A.)

364 — Guichard, poète, in-12 orné.

> Belle épreuve, toutes marges.

365 — Hallé (Noël), peintre du roi, d'après Cochin, in-4.

> Belle épreuve.

366 — Montholon (Nicolas de), conseiller au Parlement de
Paris en 1761, in-4, d'après Cochin.

> Belle épreuve, marges.

PAUQUET Père

367 — Henri IV, roi de France, en pied, in-4.

> Belle épreuve, toutes marges.

PAUQUET Fils

368 — Piccini, musicien, in-8.

> Deux épreuves, dont une à l'eau-forte pure.

PELICIER (J.)

369 — Benjamin Francklin; — J. Hancock, in-8.

> Deux pièces. Belles épreuves, marges.

370 — Pierre le Grand, ovale, dans un cadre allégorique,
1783, in-4.

> Eau-forte pure, marges. Rare.

PÈRE (J.-M.)

371 — Poussin (le), peint par lui-même à l'âge de 56 ans, in-8.

> Deux épreuves, dont une avant toutes lettres.

PÉRÉE (J.-L.)

372 — Boyveau Laffecteur, médecin, auteur du véritable *Bob anti-syphilitique*, ovale, in-4, d'après Augustin.

> Belle épreuve, grandes marges, plus un portrait in-8 du même personnage, épreuve avant toutes lettres, deux pièces.

PETIT (G.-E.)

373 — Bayle, in-fol.

> Belle épreuve, grandes marges.

374 — La Boissière (Marie-Louise-Gabrielle de la Fontaine Solare de), d'après de La Tour, in-4.

> Très belle épreuve, grandes marges.

375 — Jacques-Auguste de Thou, in-4.

> Très belle épreuve, marges.

PETIT Fils

376 — Lecouvreur (Adrienne), ovale, imprimé à la sanguine, d'après Coypel, in-4.

377 — Marie Josephe de Saxe, dauphine, in-4, d'après La Tour.

> Marges.

378 — Marie, princesse de Pologne, reine de France et de Navarre, in-4, d'après La Tour.

> Belle épreuve, marges.

PIERRON (A.-P.)

379 — Brunêne (Jean de), de Lyon, marchand banquier. Copie du portrait gravé par C. Vermeulen, d'après H. Rigaud, in-fol.

> Epreuve avant la lettre, grandes marges.

POILLY (N.)

380 — Montpensier (Mlle de), in-fol.

> Belle épreuve.

POILLY (A Paris, chez N.-J.-B. de)

381 — Louis XV, roi de France, à cheval, in-fol.

> Épreuve à toutes marges.

PONCE (N.)

382 — Amyot, in-8, d'après Marchand, ovale, dans une allégorie de Marillier.

> Eau-forte pure, avant toutes lettres, grandes marges.

383 — Le même, portrait.

> Belle épreuve, grandes marges.

PORPORATI (C.-A.)

384 — Frichignono (Nic.), conte di Quaregna, in-4, d'après Dupra.

> Belle épreuve; les noms des artistes à la pointe, grandes marges.

PREISLER (G.-M.)

385 — Scheidlin (Anna-Catharina von), d'après Kupetzky, in-fol.

> Belle épreuves, grandes marges.

PREISLER (I.-M.)

386 — Jacobus Benzelius, ovale, cadre orné, in-fol.

> Belle épreuve, à toutes marges.

387 — Christian VII, roi de Danemark et de Norwège, d'après Pito, 1754, in-fol.

> Belle épreuve, à toutes marges.

388 — Frédéric IV, roi de Danemark et de Norwège, in-fol.

> Belle épreuve, à toutes marges.

PREISLER (I.-M.)

389 — Frédéric V, roi de Danemark et de Norwège, in-fol.

Belle épreuve, à toutes marges.

390 — Otto, comte de Thott, d'après Kraft, in-fol.

Belle épreuve, grandes marges.

391 — Wasserschlebe (Joachim), d'après le buste de Saly, fait à Copenhague en 1754, in-fol.

Très belle épreuve, toutes marges.

PRÉVOST (B.-L.)

392 — Cochin (C.-N.), petit médaillon dans un en-tête allégorique, pour le Catalogue de son œuvre, par Jombert, in-18.

Belle épreuve, tirage à part, petites marges.

393 — Leclerc (Sébastien), dessinateur, frontispice d'après Jombert, in-8.

Belle épreuve, sur papier fort.

PRUNEAU (N.)

394 — Colardeau (Ch.-Pierre), de l'Académie française, in-8, d'après Trinquelesse.

Belle épreuve avant le numéro, toutes marges.

PUNT (J.)

395 — Rubens (Pierre-Paul), ovale, dans une allégorie, d'après J. de Witt, in-fol. travers.

Belle épreuve, marges.

QUÉVERDO (Se vend chez)

396 — Marat, l'ami du peuple, dessiné d'après nature le samedy 19 juillet 1793, in-8.

Belle épreuve.

RABER (J.-G.)

397 — Dillis (Wolfang), d'après Kellerhoffer, in-4.

Epreuve avant la lettre, marges.

RÉVOLUTION (Portraits sur la)

398 — Bailly (J.-S.), maire de la Ville de Paris, médaillon, in-12.

Belle épreuve, imprimée en couleur.

399 — Charette (Le général), à mi-corps, coiffé d'un chapeau à plumes et tenant une épée, in-8.

Très belle épreuve. Rare.

400 — Comtesse de la Motte ; — Mlle Le Guet d'Esigny d'O liva ; — Le Comte de Cagliostro ; — De Bette d'Etienville, gravures in-8, tirées en bistre.

Cinq pièces, dont une double, imprimée en couleur. Rare.

401 — Famille royale, profils de Louis XVI, de Marie-Antoinette et du Dauphin dans un médaillon in-8.

Deux pièces différentes, grandes marges.

402 — Louis XVI, habillé moitié en serrurier et moitié en valet de chambre, eau-forte coloriée, avec la légende : Je fais mon tour de France, in-4.

Pièce révolutionnaire, toutes marges.

403 — Mirabeau-Tonneau, député de Limoges, caricature le représentant figuré par des tonneaux, légende : « Avec autant de matière, on peut faire des déjeuners », in-8.

Belle épreuve. Rare.

404 — Séraphina Félichiani, comtesse de Cagliostro, ovale, in-8, au pointillé.

Très belle épreuve, toutes marges.

405 — Urnes funéraires, avec profils de Louis XVI, Marie-Antoinette, et la famille Royale, trois pièces différentes.

Belles épreuves.

RÉVOLUTION (Portraits sur la)

406 — Rondier. — Guyton Morveau. — De La Bouille. —
Dubois Dubais. — Hervas. — Grimod de la Reynière. —
Caffarelli, etc., etc.

Vingt-cinq portraits gravés au physionotrace, par Quenedey.

RIBAULT (J.-F.)

407 — Bernardin de Saint-Pierre, d'après Laffite, in-4.

Eau-forte pure, avec des essais de burin sur la marge du cuivre, grandes
marges. Rare.

408 — Le même portrait.

Eau-forte avancée, avant toutes lettres, marges in-folio.

409 — Le même portrait.

Deux épreuves, avec la lettre.

RIDÉ

410 — Desallier d'Argenville (Antoine-Nicolas), de l'académie
des belles-lettres de la Rochelle, d'après Weyler, in-8.

Deux épreuves. dont une avant toutes lettres, grandes marges.

ROGER (B.)

411 — Torquato Tasso, médaillon tiré sur le titre de l'*Aminta*,
édition Renouard.

Deux épreuves, dont une avant la lettre.

ROMANET (A.)

412 — Beaumont (Christophe de), archevêque de Paris, d'après
Duhamel, in-folio.

Belle épreuve, grandes marges.

413 — Charles Théodore, comte Palatin du Rhin, électeur de
Bavière, d'après Battoni, in-4.

Belle épreuve à toutes marges.

414 — Julie de Villeneuve Vence de Saint-Vincent, petite
fille de Mme de Sévigné, in-4, d'après Barthélemy.

Belle épreuve, avec la première adresse, toutes marges.

ROULLET (I.-L.)

415 — Chaillou (Jean) de Thoisy, docteur en Sorbonne, d'après
Girardin, 1694, in-folio.

> Belle épreuve.

416 — Le Tellier (Camille) de Louvois, abbé de Bourgueil
de l'académie française, d'après Largillière, in-folio.

> Belle épreuve, marges.

ROY

417 — Bourgoin (Mlle), actrice, ovale in-18, manière noire,
d'après Sicardi.

> Belle épreuve, grandes marges.

418 — Corvisard, (N.), premier médecin de Napoléon, manière
noire d'après Gérard, in-4.

> Belle épreuve, grandes marges.

RUOTTE (L.-Ch.)

419 — Marie-Antoinette, reine de France, ovale in-4, d'après
Césarine F***.

> Superbe épreuve, avant la lettre, imprimée en couleur, grandes
> marges. Rare.

420 — The Honorable Elisabeth Vernon, Countess of Harcourt,
ovale in-8, d'après Angelica Kauffmann, gravé sous la
direction de Bartolozzi.

> Très belle épreuve, imprimée en bistre, toutes marges. Très rare.

SAINT-AUBIN (Aug. de)

421 — Abel (C.-F.), médaillon in-12, d'après Cochin, (Emm.
Bocher, n° 1).

> Belle épreuve grandes marges.

422 — Beaumarchais (P.-A. Caron de), in-4, d'après Cochin
(E. B. 14).

> Eau-forte pure, 1er état, marges.

SAINT-AUBIN (AUG. DE)

423 — Bitaubé (Paul-Jérémie), médaillon dans un cadre orné, d'après Cochin, in-8 (E. B. 20).

Eau-forte pure, 1er état, grandes marges. Très rare.

424 — Blanchard (Esp. J.-A.), maître de musique, in-4, d'après Cochin (E. B. 21).

Belle épreuve, marges.

425 — Boileau (Nicolas), en buste, de face, ovale in-8, (E. B. 26).

Eau-forte pure (non décrit), avant les noms d'artistes, et le nom du personnage, grandes marges.

426 — Caffieri (J.-J.), sculpteur du roi, in-4, d'après Cochin (E. B. 34).

Eau-forte pure, 1er état, grandes marges. Rare.

427 — Cochin (C.-N.), chevallier de l'ordre du roi, etc., dessiné par lui-même, in-4 (E. B. 47).

Belle épreuve du 5e état, grandes marges.

428 — Coustou (Guillaume), sculpteur du roi, in-4, d'après Cochin (E. B. 60).

Eau-forte pure, 1er état, petites marges.

429. — Le même portrait.

Belle épreuve du 3e état, avant la troisième ligne. Petites marges.

430 — Crébillon fils (J. de), ovale dans un cadre orné, d'après Gastinel, in-8 (E. B. 63).

Belle épreuve, toutes marges.

431 — Falbaire de Quingey (Ch. G. Fenouillot de), inspecteur général des salines, d'après Cochin, in-8 (E. B. 78).

Belle épreuve du 2e état, avant les noms sous le cadre, toutes marges.

432 — Le même portrait.

Épreuve du 3e état, toutes marges.

SAINT-AUBIN (Aug. de)

433 — Francklin (Benjamin), in-4, d'après Cochin (E. B. 85).

Eau-forte pure, 1er état, toutes marges. Rare.

434 — Le même portrait.

Superbe épreuve terminée du 3e état, avant les noms sous le cadre, grandes marges.

435 — Le même portrait.

Epreuves du 3e état, marges.

436 — Franklin (Benjamin) in-4, dirigé à gauche, copie en contre-partie de l'original, sans noms d'artistes.

Belle épreuve, toutes marges.

437 — Gresset (J.-B.-L.), in-12 (E. B. 93).

Belle épreuve du 1er état, avec la lettre grise, et le monogramme. Marges.

438 — Jeliotte (Pierre), ordinaire de la musique de la chambre du Roy, in-4, d'après Cochin (E. B. 110).

Belle épreuve du 5e état, toutes marges.

439 — La Rive (de), acteur, in-8, orné d'après Sauvage (E. B. 119).

Belle épreuve du 3e état, avec les noms à la pointe, et avant l'adresse, toutes marges.

440 — Le Blanc (J.-B.), Historiographe des bâtiments du Roi, in-4, d'après Cochin (E. B. 124).

Eau-forte pure, 1er état, grandes marges.

441 — Le Couteulx du Moley (Sophie), in-4 (E. B. 187).

Belle épreuve, toutes marges.

442 — Linguet (Simon-Nicolas-Henri), in-4, médaillon dans un cadre orné (E. B. 134).

Eau-forte pure, 2e état, avec l'encadrement et les accessoires, avant toutes lettres, superbe épreuve, grandes marges. Rare.

SAINT-AUBIN (AUG. DE)

413 — Le même portrait.

> Belle épreuve du 4e état; avant : Né à Reims en 1736. Toutes marges.

444 — Le même portrait.

> Épreuve du 5e état, entièrement terminée. Grandes marges.

445 — Linguet (S.-N.-H.), d'après Greuze (E. B. 135).

> Épreuve du 3e état, marges.

446 — Linguet (S.-N.-H.), petit médaillon dans un cadre allégorique, d'après Vincent, in-8 (E. B. 136).

> Très belle épreuve du 5e état, avant les noms des artistes, toutes marges.

447 — Louis XV, frontispice allégorique d'après Boucher, in-4 (E. B. 144).

> Frontispice de l'*Histoire de la maison de Bourbon*. Belle épreuve du 3e état, grandes marges.

448 — Lully (Jean-Baptiste), écuyer, sur-intendant de la maison du Roy, in-4, d'après Cochin (E. B. 155).

> Belle épreuve du 4e état, grandes marges.

449 — Madame, duchesse d'Angoulème, in-8, d'après Sauvage (E. B. 154).

> Copie dans le même sens que l'original, belle épreuve, avec des salissures sur le cuivre, toutes marges.

450 — Montesquieu, médaillon in-32, entouré d'une bordure ovale, servant à illustrer le titre du *Temple de* Gnide, Didot, 1795 (E. B. 191).

> Superbe épreuve du 2e état, tirage à part, avec les noms à la pointe, toutes marges.

451 — Morand (Salvator-François), in-4 d'après Cochin (E. B, 193).

> Eau-forte avancée, 3e état, avec les noms des artistes à la pointe, toutes marges.

SAINT-AUBIN (Aug. de)

452 — Le même portrait.

> Belle épreuve du 5e état, entièrement terminée, avant toutes lettres, toutes marges.

453 — Le même portrait.

> Epreuve du 6e état, terminé, toutes marges.

454 — Orléans (Louis-Philippe duc d'), ovale dans un cadre orné d'après Cochin, in-4 (E. B. 202).

> Frontispice pour les *Pierres gravées*, belle épreuve du 4e état, toutes marges.

455 — De Parcieux (Antoine) de l'Académie des sciences, in-4, d'après Cochin.

> Epreuve du 3e état, toutes marges.

456 — Pierre (J.-B.-M.) premier peintre du Roi, d'après Cochin in-4 (E. B. 215).

> Belle épreuve du 3e état, toutes marges.

457 — Prault (L.-F.), médaillon in-12 d'après Cochin, (E. B. 221).

> Epreuve du 3e état, grandes marges.

458 — Radix de Chevillon (Claude-Mathieu) écuyer d'après Cochin, in-4. (E. B. 228).

> Eau-forte pure, 1er état, petites marges. Rare.

459 — Rameau (Jean-Philippe), in-4 d'après Caffiery (E. B 230).

> Belle épreuve du 5e état, grandes marges.

460 — Rœttiers (Jacques de) écuyer, in-4 d'après Cochin, (E. B. 238).

> Belle épreuve du 4e état, avant les deux lignes de légende, grandes marges.

461 — Rœttiers (Joseph-Charles), chevalier graveur général des monnaies, in-4 d'après Cochin (E. B. 239).

> Eau-forte pure, 1er état, grandes marges.

SAINT-AUBIN (Aug. de)

462 — Le même portrait.

Belle épreuve du 2e état, toutes marges.

463 — Lavalette de Buchelay (M.-J), d'après Cochin, in 4. (E. B. 251).

Belle épreuve.

464 — Trudaine (J.-Ch.-Ph.), in-4 d'après Cochin (E. B. 256).

Eau-forte pure, 1er état, toutes marges. Rare.

465 — Le même portrait.

Belle épreuve du 2e état, toutes marges.

466 — Trudaine (J.-Ch.-Ph.), in-4 d'après Cochin (Non décrit).

Copie retournée de l'original. Superbe épreuve d'eau-forte avancée, sans noms d'artistes, toutes marges.

467 — Voltaire (Marie-Fr.-A. de), in-4, d'après le buste de J. B. Lemoyne (E. B. 265).

Belle épreuve du 4e état, grandes marges.

468 — Voltaire, Fréron et La Beaumelle, frontispice in-8 pour les *Commentaires sur la Henriade* d'après Marillier. (E.B. 269).

Belle épreuve du 2e état, avec le double filet d'encadrement, grandes marges.

469 — Le même frontispice.

Belle épreuve, avec le cadre orné, toutes marges.

470 — Worlock (M.) in-8, d'après Denon.

Eau-forte pure, 1er état, grandes marges. Rare.

SAVART (P.)

471 — Boileau Despréaux (Nicolas), d'après Rigaud, in-8.

Epreuve, toutes marges.

472 — Livry (Nicolas de), d'après Tocqué, in-8.

Belle épreuve du 5e état, avec un bas-relief, grandes marges.

SAVART (P.)

473 — Le même portrait.

> Epreuve du 6° état, avec le nom, grandes marges.

474 — Richelieu (cardinal de) d'après Champaigne, in-8.

> Belle épreuve à toutes marges.

SCHENCK (P.)

475 — Gérard de Lairesse, peintre, in-4.

> Belle épreuve, manière noire, petites marges. Plus le même personnage non signé, gravure in-8, non terminée. Deux pièces.

SCHMIDT (G.-J.)

476 — Silva (J.-B.), docteur régent de la faculté de médecine de Paris, d'après H. Rigaud, in-folio.

> Très belle épreuve, marges.

SCHMIT

477 — S. A. R. George-Auguste-Frédéric, prince régent d'Angleterre, d'après West, in-folio.

> Belle épreuve à toutes marges.

SCHMUTZER (J.)

8 — Donner (Raphaël), graveur, d'après Troger, in-8.

> Belle épreuve, marges.

SCHUPPEN (P. VAN)

479 — Fromentière (Jean-Louis de), évêque, in-8.

> Epreuve avant l'inscription dans la tablette, marges.

480 — Michel le Tellier, chancelier de France, médaille et revers dans un cadre orné, 1682, in-8.

> Très belle épreuve à toutes marges.

481 — Nerestang (Philibert, marquis de), in-folio.

> Belle épreuve.

SCHUPPEN (P. Van)

482 — Philippe de Gueldres, épouse de Réné duc de Lorraine et roi de Sicile, in-8.

Très belle épreuve.

483 — Pierre de Marca, archevêque de Paris, d'après Vanloo, in-folio.

Belle épreuve.

484 — Reynie (Gabriel-Nicolas de la), lieutenant de police, d'après Mignard, in-folio.

Belle épreuve, grandes marges.

SCOTIN (J.-B.)

485 — Taylor (Jean), fameux oculiste. d'après Riche, in-8.

Belle épreuve. Rare.

SERGENT (d'après)

486 — Anne de Montmorency. — François-Henry de Montmorency, duc de Luxembonrg, in-4 imprimé en couleur.

Deux pièces, toutes marges.

SERGENT (A.-F.)

487 — Necker, d'après Duplessis, in-4.

Très belle épreuve, imprimée en couleur, toutes marges.

SILVESTRE (Suzanne)

488 — Thuret (Jacques), Parisien, célèbre horloger, in-4 d'après Vivien.

Belle épreuve, marges.

SIMONNEAU l'Aîné (C.)

489 — Henri de la Tour d'Auvergne vicomte de Turenne, ovale dans un cadre orné, in-8 travers.

Belle épreuve, tirage à part avant la lettre, grandes marges.

490 — Louis XIV, médaillon soutenu par Mercure, allégorie par Coypel.

Belle épreuve, marges.

SIMONNEAU (Louis)

491 — Martin de Charmois, conseiller d'État, directeur de l'Académie royale de peinture et de sculpture, d'après Bourdon, in-fol.

Belle épreuve, marges.

SORNIQUE (D.)

492 — Louis, dauphin, père de Louis XVI, petit ovale dans un cadre orné, in-18 travers, d'après de Sève.

Très belle épreuve, tirage à part, les noms à la pointe, marges.

SURUGUE (Louis)

493 — Joseph Christophe de Verdun, peintre, 1735, in-fol.

Eau-forte pure, petites marges.

SURUGUE (P.-L.)

494 — Réné Fremin, directeur-recteur de l'Académie royale de peinture, d'après La Tour, in-fol.

Belle épreuve, marges.

495 — Guillain (Simon), sculpteur du Roy, d'après Coypel, in-fol.

Très belle épreuve à toutes marges.

TARDIEU (Nicolas-Henri)

496 — Marie Leckzinska, reine de France et de Navarre, in-18 tête de page, d'après A. Humblot.

Belle épreuve, tirage à part, petites marges.

TARDIEU (Jacques-Nicolas)

497 — Galitzin (Dimitry, prince de), ambassadeur de Russie à Vienne, d'après Drouais, in-fol.

Très belle épreuve, grandes marges.

498 — Mᵣᵉ Camille Nicolas, comte de Souvigny, capitaine de dragons, 1750, in-8.

Très belle épreuve, grandes marges.

TARDIEU (Alexandre)

499 — Lanskoï (A.-D.), favori de Catherine II, médaille et revers, d'après Prudhon, in-8.

Deux épreuves, dont une à l'eau-forte pure, grandes marges.

TESTARD

500 — Washington, général américain, profil en forme de camée dans un médaillon allégorique, dessiné et gravé par Testard, d'après la médaille frappée à Londres, par le parti des opposants, in-8.

Belle épreuve, grandes marges. Rare.

THIOLLET

501 — Gribeauval (J.-B. Vaquette de Fréchencourt de), inspecteur général de l'artillerie, in-4.

Belle épreuve à toutes marges.

THOMAS

502 — Mirabeau (Victor de Riquetti, marquis de), in-4.

Belle épreuve.

THOMASSIN (S.)

503 — Jacques Moquot, avocat au Parlement, et au conseil du Roi, in-4.

Belle épreuve.

TRIÈRE

504 — Parmentier, d'après Roesler, in-12.

Épreuve avant la lettre, marges.

VAILLANT (B.)

505 — Van der Spelt (Jean), médecin, d'après Van Miris, manière noire, in-4.

Très belle épreuve, grandes marges.

VALLÉE (S.)

506 — Taisand (P.-C.), religieux de l'ordre de Cîteaux, in-12.

Belle épreuve, dans un cadre gravé par Simonneau.

VANGELISTI (V.)

507 — Botta (Antonio), ambassadeur, 1765, in-4.

Très belle épreuve à toutes marges.

VERHELST

508 — Auguste Wilhelmine, épouse de Maximilien Joseph, duc de Bavière ; médaillon entouré d'allégories, d'après Langenhoeffel, 1790, in-4.

Très belle épreuve, grande marge. Rare.

VERMEULEN (C.)

509 — Jaillot (Alexis-Hubert), géographe ordinaire du roi, d'après Culin, in-fol.

Belle épreuve, grandes marges.

510 — Roettiers (Joseph), graveur général des monnaies de France, d'après N. de Largillière, in-fol.

Très belle épreuve, grandes marges.

VIDAL

511 — Marie-Antoinette, reine de France, profil à gauche, dans un ovale, avec cadre orné, in-18. A Versailles, chez Blaisot, etc.

Très belle épreuve, marges.

VINSAC

512 — Le Tourneur (P.-P. Félicien), d'après Pujos, in-8.

Deux épreuves, dont une avant toutes lettres, grandes marges.

VORSTERMAN

513 — Fabri de Peiresc (Nicolas), d'après Van Dyck, in-4.

Belle épreuve.

WATELET

514 — Frontispice avec le buste de Corneille, d'après Pierre, in-8.

Belle épreuve avant le nom sur le socle.

515 — Lady Hervey, d'après Cochin, in-4.

Belle épreuve, grandes marges.

516 — Villeneuve, comte de Vence (Cl.-Al. de), in-4, d'après Cochin.

Belle épreuve, grandes marges.

WATSON (J.)

517 — Marquise de Pompadour (Mme la), in-4, manière noire, d'après Boucher.

Belle épreuve, petites marges.

WEIGEL (Chr.)

518 — Frédéric IV, roi de Danemark et de Norvége, manière noire, d'après Hoyer, in-fol.

Très belle épreuve, grandes marges.

WIERIX (F.-V.)

519 — Albert, cardinal de Brandebourg, in-8.

Belle épreuve.

WILLE (J.-G.)

520 — Charles-Frédéric, margrave de Bade, d'après Guillibaud, in-4.

Belle épreuve à toutes marges.

521 — Louis XV, roi de France, d'après J.-B. Le Moyne, in-fol.

Très belle épreuve à toutes marges.

522 — Massé (Jean-Baptiste), peintre, d'après Tocqué, in-fol.

Belle épreuve, grandes marges.

WILLE (J.-G.)

523 — Parrocel (Joseph), peintre, d'après Rigaud, in-fol.

Belle épreuves, marges.

WILL (Se vend chez J.-M.)

524 — Elliot. (Georges-Auguste), amiral, d'après Corbutt, in-fol.

Belle épreuve à la manière noire, marges.

YVER (P.)

525 — Colbert (Charles-Joachim), évêque de Montpellier, in-4.

Belle épreuve.

Typographie PILLET et DUMOULIN, rue des Grands-Augustins, 5, à Paris.